AF355598

9 786144 620328

الرِّيشاتُ المُلَوَّناتُ وَالسّاعَةُ الغريبَةُ

تأليف: د. طارق البكري

رسوم: نور التوبة

دار الرُّقيّ

للطباعة والنشر والتوزيع

دار الرُّقيّ

للطباعة والنشر والتوزيع

خـــلـيــوي: 00961 3 235949

تلفاكس: 00961 7 920158

ص.ب: 4101 بيروت - لبنان

في مُخَيِّلَتي حِكَايَاتٌ وَحِكَايَاتٌ.. قَرَأْتُ مِنْها الكَثِيرَ.. وَسَمِعْتُ مِنْها الكَثِيرَ.. وَرَسَمْتُ في عَقْلي الكَثِيرَ الكَثِيرَ.. فَهِيَ كَالأَحْلامِ.. لا تَنْتَهي وَلا تَتَوَقَّفُ، بَلْ تَكْبُرُ وَتَزْدادُ نُمُوّاً كُلَّما مَضَيْنا في الحَياةِ.. وَالحَياةُ أَوْقاتٌ تَمُرُّ مُسرِعَةً.. كُلَّما مَرَّ يَوْمٌ تَبِعَهُ يَوْمٌ.. وَالأَرْضُ لا تَتَوَقَّفُ عَنِ الدَّورانِ..

وَمَعَ كُلِّ ما أَحْمِلُهُ مِنْ مُخَيِّلَةٍ واسِعَةٍ طائِرَةٍ مُحَلِّقَةٍ مِثْلَ سَحابَةٍ مَطِيرَةٍ في السَّماءِ.. شاهِقَةٍ مِثْلَ قَمَرٍ.. قَرَّرْتُ فَجْأَةً وَدونَ مُقَدِّماتٍ أَنْ أُبقيها

لِنَفْسِي وَلا أَقُصَّها إِلَّا عَلَى أُمِّي .. فَهِيَ وَحْدَها الَّتِي تُصَدِّقُنِي وَتُنْصِتُ إِلَيَّ بِانْتِباهٍ وَمَحَبَّةٍ.. وَهِيَ الَّتِي تَسْتَمِعُ إِلَى أَفْكاري وَ أَحْلامِي .. وَتَطْلُبُ مِنِّي أَنْ أَحْكِيَ لَها أَجْمَلَ حِكاياتِي..

❋ ❋ ❋

بَعْضُ صَديقاتِي في المَدْرَسَةِ ضَحِكْنَ عِنْدَما سَمِعْنَنِي أَرْوي حِكاياتِي.. لِذا قَرَّرْتُ أَنْ أُخْفِيَ حِكاياتِي في قَلْبي.. فَهِيَ مُلْكي وَحْدي.. لي أَنا فَقَطْ.. لَمْ أُشارِكْهُنَّ بِها.. وَلَمْ أَسْمَحْ لَهُنَّ بِأَنْ يَسْخَرْنَ مِنِّي بَعْدَ ذَلِكَ اليَوْمِ..

ما هَمِّي بِهِنَّ! فَأَنا أَحْلُمُ بِأَنْ أَطيرَ فَوْقَ النُّجومِ.. أُصادِقُ كُلَّ يَوْمٍ نَجْمَةً مِنَ النَّجماتِ..

نَعَمْ.. أَنَا أَطِيرُ.. شَيْءٌ جَمِيلٌ أَنْ أَطِيرَ، لَا يَعْرِفُ مَعْنَى ذَلِكَ إِلَّا مَنْ يَطِيرُ مِثْلِي.. لِذَا تَفْهَمُنِي الطُّيُورُ وَأَفْهَمُها.. تَفْهَمُنِي رِيشَةُ العُصْفُورِ الخَفِيفَةُ الَّتِي تَحْمِلُها نَسَماتٌ نَاعِسَةٌ.. فَتَتَرَاقَصُ فِي الفَضَاءِ.. تَرْسُمُ عَلَى وَجْهِ الهَوَاءِ ابْتِسامَةً مُنِيرَةً..

✽ ✽ ✽

أَحْبَبْتُ رِيشَ الطُّيُورِ لِأَنَّ الطُّيُورَ عَلَى أَنْوَاعِها تَقْضِي عُمْرَها وَهِيَ تَطِيرُ مِنْ مَكَانٍ إِلَى مَكَانٍ.. تُحَلِّقُ فَوْقَ الأَشْجَارِ وَالبِحَارِ وَالأَنْهارِ وَالجِبَالِ وَالوِدْيانِ وَالصَّحَارَى..

وَمِنْ عَادَتِي أَنْ أُخْفِيَ بَيْنَ أَوْرَاقِ كُتُبِي الكَثِيرَةِ كَثِيراً مِنْ رِيشاتِ الطُّيُورِ.. وَمِنْ كُلِّ الأَلْوَانِ.. وَلَسْتُ أَدْرِي لِماذا تَعَجَّبَتْ مُدَرِّسَتِي عِنْدَما طَلَبَتْ

8

مِنَّا نَحْنُ طالِبات فَصْلِها أَنْ نَكْتُبَ عَنْ هِواياتِنا.. فَكَتَبْتُ أَنَّ هِوايَتي جَمْعُ الرِّيشاتِ المُلَوَّناتِ..

وَما الغَرابَةُ في ذلِكَ.. أَنا فَقَطْ قُلْتُ إنَّ هِوايَتي جَمْعُ الرِّيشاتِ المُلَوَّناتِ.. تُرَى ماذا كانَتْ سَتَفْعَلُ لَو عَلِمَتْ أَنّي أَمْلِكُ مَجْموعَةً مُتَنَوِّعَةً مِنْ رِيشِ الطُّيورِ؟.. وَأَنَّ لَدَيَّ أَيْضاً ريشاتِ دَجاجٍ وَدُيوكٍ؟؟.. (ههههه).. فِعْلاً إنَّهُ لَشَيْءٌ مُضْحِكٌ أَلَيْسَ كَذَلِكَ؟

حَتَّى أَنا أَضْحَكُ مِنْ نَفْسي وَمِنْ هِوايَتي.. فَأَنا بِصَراحَةٍ أَعْتَقِدُ أَنَّها هِوايَةٌ غَيْرُ عادِيَّةٍ وَلَيْسَتْ مَأْلوفَةً.. لكِنْ لا يَهُمُّني ما يَراهُ الآخَرونَ.. بَلْ ما أَراهُ أَنا..

❊❊❊

أَنـا مَثَـلاً أَعْتَقِـدُ أَنَّ حُقـوقَ الدَّجـاجِ ضائِعَـةٌ.. وَالدَّجـاجُ يَنْتَسِـبُ إلى جَماعَـةِ الطُّيـورِ، وَهِيَ أَيْضاً أَنواعُهـا كَثيـرَةٌ.. لَكِنَّهـا لا تَطيـرُ.. وَمَـعَ ذَلِكَ تَظَـلُّ مِنْ عائِلَةِ الطُّيـورِ.. فَكَيْـفَ تُسَمَّى طَيْراً وَلا تَطيـرُ.. وَهُنالِكَ أَيْضاً بَطٌّ لا يَطيـرُ.. هَذِهِ الأَنْـواعُ مِنَ الطُّيـورِ مَظْلومَةٌ.. فَهِيَ تُحْسَبُ مِنْ جَماعَةِ الطُّيـورِ وَهِيَ لا تَسْتَطيعُ الطَّيَرانَ..

أَحْيانـاً أَتَناقَـشُ مَعَ أَبي بِذَلِكَ.. خاصَّـةً أَنَّهُ غَيْرُ مُقْتَنِعٍ بِهِوايَتي.. وَغالِبـاً ما يُشَـجِّعُني عَلَى هِوايـاتٍ أُخْرى.. لَكِنَّهُ لا يَتَّفِقُ مَعَ آرائي وَلا مَعَ تَصَوُّراتي.. وَرَغْـمَ ذَلِكَ يُحِبُّ الاسْتِماعَ أَحْيانـاً إِلى قِصَصي وَأَحْلامي.. وَعِنْدَما يَتَأَمَّلُ ريشاتي المُلَوَّناتِ أَراهُ مُعْجَبـاً بِها، لَكِنَّهُ لا يُعَبِّرُ عَنْ ذَلِكَ.. فَهُوَ يَظُنُّني

أُضَيِّعُ وَقْتِي بِهَذِهِ الهِوَايَةِ الغَرِيبَةِ..

❊ ❊ ❊

لَسْتُ أَدْرِي ما الغَرِيبُ بِهَذِهِ الهِوَايَةِ؟ فَبَعْضُ النَّاسِ هِوَايَتُهُمْ جَمْعُ الصَّدَفِ.. وَبَعْضُهُمْ جَمْعُ العُمْلَةِ وَالطَّوَابِعِ.. مَعَ أَنَّ الطَّوَابِعَ تَكَادُ تَخْتَفِي مَعَ انْتِشَارِ البَرِيدِ الإِلِكْتْرُونِيِّ.. وَهُنَاكَ مَنْ يَجْمَعُ الحَيَوانَاتِ المُفْتَرِسَةَ.. وَقَرَأْتُ في الجَرِيدَةِ أَنَّ هُنَاكَ مَنْ يُرَبِّي الثَّعَابِينَ السَّامَّةَ في بَيْتِهِ.. وَمَنْ يُرَبِّي العَنَاكِبَ وَالحَشَرَاتِ وَمَنْ يُرَبِّي القِطَطَ وَالكِلابَ وَحَتَّى الأُسُودَ.... فَلِمَاذَا يَسْتَغْرِبُونَ هِوَايَتِي؟

❊ ❊ ❊

أُمِّي الحَبيبةُ تَآلَفَتْ مَعَ ريشاتي.. في أوَّلِ الأمرِ حاوَلَتْ أَنْ تُبَدِّلَ هَذِهِ الهِوايَةَ.. لكنَّها في النِّهايَةِ اقْتَنَعَتْ وَصارَتْ تُعْجِبُها كثيراً بَلْ تُشارِكُني أَحياناً في تَرْتيبِها وَتَنْظيفِها..

البَعْضُ يَعْتَقِدُ أَنَّ في هَذِهِ الهِوايَةِ سِرّاً ما..

الحَقيقَةُ أَنَّهُ لَيْسَ هُنالِك أَيُّ سِرٍّ.. فَأَنا أُحِبُّ الطُّيورَ لأَنَّها تَطيرُ وَتَطيرُ وَتَطيرُ..

وَالرِّيشَةُ لَها رَمْزِيَّةٌ كُبْرى عِنْدي.. فَهِيَ طارَتْ مَعَ الطَّيرِ إلى أَمْكِنَةٍ عَديدَةٍ.. وَرَأَتِ الدُّنيا مِنْ أَمْكِنَةٍ عالِيَةٍ.. حَلَّقَتْ فَوْقَ الأَشْجارِ والأَنْهارِ والبِحارِ.. وَلامَسَتِ الغُيومَ والنُّجومَ..

كُلُّ ريشَةٍ لَها عِنْدي مَعْنًى مُمَيَّزٌ.. وَخاصَّةً عِنْدَما

أَرَاهَا تَطِيرُ وَحْدَهَا فِي الهَوَاءِ بَعْدَ أَنْ تَنْطَلِقَ مِنْ جَسَدِ الطَّائِرِ الَّذِي يُبَدِّلُ رِيشَهُ مِنْ حِينٍ إِلَى آخَرَ.. كَمَا أَنَّ تَنَوُّعَ الرَّيشَاتِ الَّتِي أَرَاهَا أَمَامِي كُلَّ يَوْمٍ يَمْنَحُنِي فِكْرَةً عَنِ التَّنَوُّعِ الأَكْبَرِ فِي الكَوْنِ..

❋ ❋ ❋

وَبِمَا أَنَّنِي أَحْمِلُ مُخَيِّلَةً مُتَنَوِّعَةً مِثْلَ هَذِهِ الرَّيشَاتِ، فَقَدِ ازْدَادَتْ مُخَيِّلَتِي مَعَ ازْدِيَادِ عَدَدِ الرَّيشَاتِ الَّتِي فِي غُرْفَتِي.. فَكُلُّ رِيشَةٍ تَحْكِي لِي قِصَّةً.. وَأَنَا أَعْرِفُ أَنَّهُ فِي المَاضِي وَقَبْلَ اخْتِرَاعِ القَلَمِ كَانُوا يَسْتَخْدِمُونَ الرِّيشَةَ فِي الكِتَابَةِ وَالتَّأْلِيفِ.. فَكَانَتِ الرَّيشَةُ تَحْكِي عَنْ نَفْسِهَا وَتَكْتُبُ حِكَايَتَهَا فِي أَعْمَاقِ خَيَالِي..

وَكُلُّ رِيشَةٍ عِنْدِي تَحْكِي لِي قِصَّةَ الطَّائِرِ الَّذِي

14

كَانَتْ مُعَلَّقَةً فِيهِ.. وَقَبْلَ أَنْ تَصِلَ الرِّيشَةُ إِلَيَّ.. حَمَلَهَا الهَوَاءُ وَطَارَتْ.. وَدَارَتْ.. وَحَلَّقَتْ.. إِلَى أَنْ وَقَعَتْ بَيْنَ يَدَيَّ..فَهِيَ صَدِيقَتِي الحَمِيمَةُ الَّتِي تُحِبُّنِي وَأُحِبُّهَا، وَتَرْوِي لِي حِكَايَاتٍ كَثِيرَةً، وَتُزَوِّدُنِي بِمَعْلُومَاتٍ مُهِمَّةٍ.

❋ ❋ ❋

نَسَجْتُ فِي خَيَالِي قِصَصاً مَعَ كُلِّ رِيشَةٍ أَخْفَيْتُها فِي غُرْفَتِي حَتَّى أَضْحَتْ مِثْلَ مَمْلَكَةٍ لِلرِّيشِ.. وَعَدَدُها بِالمِئَاتِ وَمِنْ كُلِّ الأَحْجَامِ وَالأَنْوَاعِ..

كَانَ بِإِمْكَانِي أَنْ أَجْمَعَ أَكْثَرَ بِكَثِيرٍ مِنها، لَكِنَّنِي أُحِبُّ الاحْتِفَاظَ بِالرِّيشَاتِ الجَمِيلَاتِ المُلَوَّنَاتِ المُمَيَّزَاتِ..

❋ ❋ ❋

وَفِي يَوْمٍ حَصَلْتُ عَلَى رِيشَةِ طَيْرٍ أَحْضَرَهُ جَارُنا الطَّبِيبُ مِنْ بَلَدٍ بَعِيدٍ..

وَهُنا أُرِيدُ أَنْ أَقُولَ لَكُمْ لا تَظُنُّوا أَنِّي أَنْزَعُ الرِّيشَةَ مِنَ الطَّيْرِ.. لا أَفْعَلُ ذَلِكَ مُطْلَقاً.. بَلْ أُحِبُّ أَنْ أَلْتَقِطَ الرِّيشَةَ وَهِيَ تَطِيرُ.. وَلا أَنْزِعُها مِنْ جَسَدِ طَائِرٍ فَيَتَأَلَّمَ..

وَأَعُودُ إِلى حِكَايَةِ جَارِنا الطَّبِيبِ؛ فَقَدْ حَمَلَتْ لِيَ النَّسَماتُ رِيشَةً مِنْ رِيشَاتِهِ الجَمِيلاتِ.. كَما حَمَلَتْ لِي مِنْ قَبْلُ رِيشاً كَثِيراً.. خِلالَ زِيَارَاتِي المُتَكَرِّرَةِ إِلى حَدِيقَةِ الطُّيُورِ القَرِيبَةِ مِنْ مَنْزِلِنا.. أَوْ فِي طَرِيقِ عَوْدَتِي مِنَ المَدْرَسَةِ، أَوْ خِلالَ جَوْلاتِي فِي الحَدَائِقِ وَالبَسَاتِينِ..

هَذَا الطَّائِرُ الجَمِيلُ الذِي أَحْضَرَهُ جَارُنا الطَّبِيبُ

لَمْ يَتَحَمَّلْ فِراقَ طَبيعَةِ بِلادِهِ... فَماتَ بَعْدَ فَتْرَةٍ مِنْ وُصولِهِ..

قالَ جارُنا الطَّبيبُ لِأَبي يَوْماً: إِنَّ هَذا الطّائِرَ كانَ يَعيشُ في حَديقَةٍ رائِعَةٍ.. اشْتَراهُ لِيَأْتِيَ بِهِ إِلى بَيْتِهِ.. لَكِنَّهُ ماتَ.. رُبَّما لِأَنَّهُ شَعَرَ بِالحُزْنِ لِفِراقِ حَديقَتِهِ.. أَوْ رُبَّما لِفَقْدِ حَبيبٍ أَوْ صَديقٍ أَوْ قَريبٍ .

* * *

في الحَقيقَةِ.. كُلُّ ما أَمْلِكُهُ مِنْ ريشٍ في كِفَّةٍ.. وَما أَهْداني إِيّاهُ أَبي في يَوْمٍ مِنَ الأَيّامِ في كِفَّةٍ أُخْرى..

فَأَظْرَفُ شَيْءٍ في غُرْفَتي هَدِيَّةٌ ثَمينَةٌ جِدّاً اشْتَراها لي أَبي بِواسِطَةِ الإِنْتِرْنِت.. وَهي عِبارَةٌ عَنْ ساعَةٍ كَبيرَةٍ لَمْ أَرَ مَثيلاً لَها في حَياتي..

فَهِيَ لَيْسَتْ ساعَةً عادِيَّةً.. بَعْضُ النّاسِ قَدْ لا يُحِبّونَها وَلا يَسْتَظْرِفونَها.. أَتَدْرونَ لِمَ؟؟ لِأَنَّ عَقارِبَها مِنْ ريشِ الطُّيورِ الطَّبيعيِّ.. وَأَرْقامَها مِنَ الرّيشِ أَيْضاً.. أَمّا إِطارُها فَمِنْ خَشَبِ الغاباتِ الطَّبيعيِّ.. لا لَوْنَ فيهِ وَلا زينَةَ.. فَهُوَ كَما كانَ حَيْثُ تَعيشُ الطُّيورُ نَفْسُها صاحِبَةُ ريشاتِ السّاعَةِ المُلَوَّناتِ..

السّاعَةُ أَحْضَرَها لي أَبي هَدِيَّةَ نَجاحي في المَرْحَلَةِ المُتَوَسِّطَةِ.. رَغْمَ أَنَّهُ غَيْرُ مُقْتَنِعٍ بِهِوايَتي وَغَرامي لِريشِ الطُّيورُ.. عَلَّقْتُها عَلَى حائِطِ غُرْفَتي كَأَنَّها لَوْحَةُ الموناليزا..

هَـذِهِ السّاعَةُ دَقيقَةٌ جِدّاً في حَرَكاتِها.. كَأَنَّها قَلْبٌ يَنْبُضُ بِانْتِظامٍ عَلَى الجِدارِ بِدِقَّةٍ مُتَناهِيَةٍ..

❋ ❋ ❋

مَرَّتْ سَنواتٌ وَالسَّاعَةُ لَمْ تُخْطِئْ ثانِيَةً واحِدَةً.. وَ أَنا في طَبيعَتي أُحِبُّ الدَّقَّةَ..

كانَتْ ريشاتُ الثَّانِيَةِ وَالدَّقيقَةِ وَالسَّاعَةِ تَتَراقَصُ أَمامي كَما تَتَراقَصُ الرِّيشَةَ في مَهَبِّ الرِّيحِ..

أَحْضَرْتُ مَرَّةً هَذِهِ الهَدِيَّةَ مَعي إِلى المَدْرَسَةِ لِأُرِيَها لِصَديقاتي في الفَصْلِ.. فَسَخِرَ بَعْضُهُنَّ مِنْها.. كَما سَخِرْنَ سابِقاً مِنْ هِوايَتي بِجَمْعِ الرّيشِ، وَمِنْ قِصَصي مَعَها.. بِالرَّغْمِ مِنْ أَنَّها كانَتْ أَجْمَلَ هَدِيَّةٍ تَلَقَّيْتُها في حَياتي..

فَعاهَدْتُ نَفْسي أَنْ أَحْتَفِظَ بِأَشيائي المُحَبَّبَةِ بَعيداً عَنِ الأَنْظارِ وَلا أُذيعُ سِرَّها.. وَأَنْ أَكْتُمَ حِكاياتي كُلَّها مَعَ ريشاتِ الطُّيورِ.. فَمَنْ لا يَعْرِفُ الرّيشَ لا يَفْهَمُ مَعانِيَهُ..

وَكُلَّما كَبُرْتُ.. كانَتْ قِصصي مَعَ الرّيشِ تَكْبُرُ.. وَمُخَيَّلَتي تَتَّسِعُ..

وَكانَتْ ساعَةُ أَبي الغَريبةُ تُرافِقُني في سِرّي.. تُعَلِّمُني بِصَمْتٍ.. بِحَرَكاتٍ دائِبَةٍ لا تَهْدَأُ وَلا تَتَوَقَّفُ وَلا تَمَلُّ وَلا تَئِنُّ وَلا تَشكو وَلا تَتْعَبُ..

تَعْمَلُ لَيلَ نَهارَ دونَ أَنْ تَطْلُبَ جَزاءً وَلا شَكوراً..

عَلَّمَتْني ساعَةُ الرّيشِ كَيْفَ أَعْمَلُ مِثْلَها بِجِدٍّ وَلا أَتَذَمَّرُ..

وَصِرْتُ أُحِبُّ الوَقْتَ أَكْثَرَ.. وَأَعْرِفُ قيمَةَ الوَقتِ الَّذي تَحْكيهِ لي في كُلِّ حَرَكَةٍ مِنْ حَرَكاتِها..

صِرْتُ أَرْسُمُ الثَّواني وَالدَّقائِقَ وَالسّاعاتِ في مُخَيَّلَتي..

صِرْتُ أُفَكِّرُ بِالمَسافاتِ الَّتِي قَطَعَتْها هَذِهِ الرِّيشاتُ الجَميلاتُ في دَوَرانِها حَوْلَ مَرْكَزِ السّاعَةِ..

فَكَّرْتُ بِحَرَكَةِ الأَرْضِ وَدَوَرانِها حَوْلَ الشَّمْسِ.. وَحَوْلَ نَفْسِها..

ساعاتٌ وَساعاتٌ تَمْضي.. أَيّامٌ وَسِنُونَ تَمُرُّ.. وَكُلُّ يَوْمٍ لَهُ عِنْدي قِصَّةٌ..

***

حَسَبْتُ المَسافَةَ الَّتِي تَقْطَعُها الرِّيشاتُ في كُلِّ دَوْرَةٍ.. وَالسّاعَةُ كَبيرَةٌ جِدّاً.. كَأَنَّها قَمَرٌ في غُرْفَتي.. وَكانَتْ تُضيءُ في الظَّلامِ بِشَكْلٍ عَجيبٍ.. حَسَبْتُ المَسافَةَ..

كُلَّ ثانِيَةٍ وَساعَةٍ وَدَقيقَةٍ..

ريشَةُ الثَّواني تَقْطَعُ 60 مَرَّةَ المَسافَةَ نَفْسَها الَّتي تَقْطَعُها ريشَةُ الدَّقائِقِ في ساعَةٍ واحِدَةٍ..

وَبِعَمَلِيَّةٍ حِسابيَّةٍ بَسيطَةٍ وَجَدْتُ أَنَّ ريشَةَ الثَواني تَدورُ حَوْلَ مَرْكَزِها 60 مَرَّةً في السَّاعَةِ و1440 مَرَّةً في اليَوْمِ.. فيما تَدورُ ريشَةُ الدَّقائِقِ حَوْلَ مَرْكَزِها 24 مَرَّةً فَقَطْ في اليَوْمِ.. وَتَظَلُّ ريشَةُ الثَّواني تَدورُ وَتَدورُ وَتَدورُ وَتَقْطَعُ مَسافَةً هائِلَةً في الشَّهْرِ الواحِدِ تَصِلُ إلى 43200 دَوْرَةٍ... وَفي السَّنَةِ الواحِدَةِ نَحْوَ 518400 دَوْرَةٍ... وَمَعَ ذَلِكَ لا تَتَذَمَّرُ وَلا تَتَأَفَّفُ.. وَتَظَلُّ تَدورُ وَتَدورُ وَتَدورُ.. رَغْمَ اتِّساعِ دائِرَةِ مِرْوَحَتِها بِشَكْلٍ لافِتٍ..

***

وَهَذِهِ السَّاعَةُ اليَوْمَ أَصْبَحَتْ عَجوزاً مِثْلي..
مَضَتْ عَلَيْها سَنَواتٌ طَويلَةٌ وَهِيَ مَعي.. وَما تَزالُ
تَقْريباً عَلَى حالِها كَما أَخَذْتُها هَدِيَّةً مِنْ أَبي..

دارَتْ ريشاتُ ساعَتي المُلَوَّناتُ مَلايينَ المَرّاتِ
تَعِبْتُ مِنْ إِحْصائِها.. وَما تَزالُ تَدورُ بِثَباتٍ..

عَرَفْتُ قيمَةَ الوَقْتِ وَمَعْنى ثَباتِهِ مِنْها مِثْلَما
عَرَفْتُ قيمَةَ الرّيشاتِ الَّتي في غُرْفَتي.. فَالطّائِرُ
يُبَدِّلُ ريشاتِهِ في وَقْتٍ مُعَيَّنٍ مِنَ السَّنَةِ.. وَالهَواءُ
يَحْمِلُ الرّيشاتِ وَيطيرُ بِها مِنْ عالَمٍ إِلى عالَمٍ..
وَمِنْ مَكانٍ إِلى مَكانٍ.. يَحْمِلُ مَعَها مُخَيِّلَتي الَّتي
تَطيرُ وَتَطيرُ.. مَعَ كُلِّ طائِرٍ وَكُلِّ ريشَةٍ..

❋ ❋ ❋

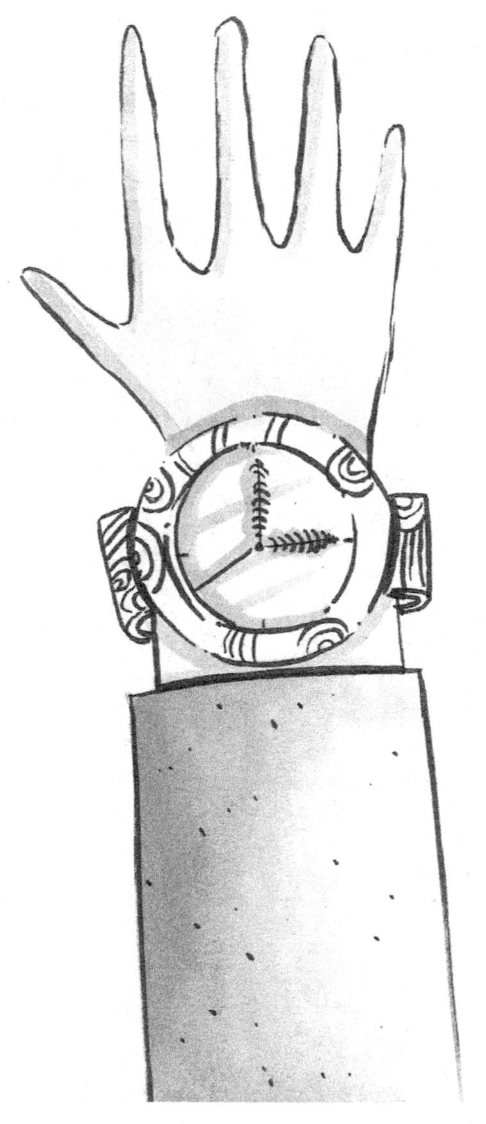

مَضَى وَقْتٌ طَوِيلٌ مَعَ كُلِّ حَرَكَةٍ وَنَبْضٍ في السَّاعَةِ المُعَلَّقَةِ عَلَى حائِطِ غُرْفَتي.. وَانْتَقَلْتُ إلى بَيْتٍ جَديدٍ.. أَصْبَحَ عِنْدي أَبْناءٌ وَأَحْفادٌ.. وَما تَزالُ الرَّيشاتُ المُلَوَّناتُ صَديقاتِ مُخَيِّلَتي..

لَكِنّي اليَوْمَ لَمْ أَعُدْ أَخْشى الحَديثَ عَنْ ريشاتي المُحَبَّباتِ.. بَلْ صِرْتُ أَحْكي قِصَصاً كَثيرَةً عَنها.. فَلَدَيَّ كَثيرٌ مِنَ الأَحْفادِ.. وَهُمْ يُحْضِرونَ أَصْدِقاءَهُمْ وَصَديقاتِهِنَّ لِأَحْكِيَ لَهُمْ قِصَصاً.. وَتَلَقَّيْتُ دَعَواتٍ كَثيراتٍ مِنْ مَدارِسَ عَديدَةٍ.. لِأَحْكِيَ قِصَصي مَعَ الرَّيشاتِ المُلَوَّناتِ.. وَقِصَّةَ السَّاعَةِ وَريشاتِها المُلَوَّناتِ الَّتي ما تَزالُ تَدورُ وَتَدورُ..

أَصْدِقائي الصِّغارُ أَحَبّوا قِصَصي مَعَ ريشاتي المُلَوَّناتِ كَما أَحَبّوا قِصَصَ ساعَتي الغَريبَةِ .

وَصَلَتْ قِصَصُ الرِّيشَاتِ وَالسَّاعَةِ إِلى آذانِ
والِدِ تِلْميذَةٍ في فَصْلِ حَفيدَتي الصَّغيرَةِ مَرْيَمَ..
وَكانَ يَعْمَلُ صِحافِياً في جَريدَةٍ..

طَلَبَ الصَّحافِيُّ مُقابَلَتي وَتَصْويرَ ريشاتي
وَساعَتي.. سَمَحْتُ لَهُ بِذَلِكَ..

كُنْتُ فَخورَةً جِدّاً بِكُلِّ قِصَصِي مَعَ ريشاتي
المُلَوَّناتِ..

حَكَيْتُ لَهُ حِكايَةَ كُلِّ ريشَةٍ.. وَحِكايَةَ جارِنا
الطَّبيبِ.. وَحِكايَةَ أَبي مَعَ السَّاعَةِ.. أَخْبَرْتُهُ كَيْفَ
اسْتَهْزَأَتْ بي صَديقاتي عِنْدَما عَرَفْنَ بِهوايَتي
وَكَيْفَ ضَحِكْنَ مِنْ ساعَتي..

كانَ الصَّحافِيُّ ذَكِياً.. تَعَجَّبَ كَيْفَ يَرْفُضُ

السَّابِقونَ هِوايَتي بَيْنَما هِيَ اليَوْمَ حَديثُ الصَّغيراتِ في مَدْرَسَةِ ابْنَتِهِ..

قُلْتُ لَهُ إِنَّني كَبيرةٌ الآنَ.. رُبَّما يَقْبَلُونَ هِوايَتي لِأَنَّني كَبيرةٌ بِالعُمرِ.. وَرُبَّما لَوْ كُنْتُ في مِثلِ سِنِّهِمْ لَسَخِرْنَ مِنّي مَرَّةً أُخْرَى..

***

في الصَّباحِ التّالي تَلَقَّيْتُ سَيْلاً مِنَ الاتِّصالاتِ..

طَلَبوا مِنّي أَنْ يُقيموا مَعْرِضاً رَسْمِيّاً يَعْرِضونَ فيهِ ريشاتي المُلَوَّناتِ وَأَنْ تَكونَ أَمامَ كُلِّ ريشَةٍ وَرَقَةٌ تَشْرَحُ فيها قِصَّتي مَعَها وَكَيْفَ حَصَلْتُ عَلَيْها.. وَما اسْمُ الطَّائِرِ الذي تَعودُ الرّيشَةُ إِلَيْهِ..

كَما أَنَّ ساعَتي صارَتْ حَديثَ النّاسِ..

قصة
الريشات الملونة
والساعة الغريبة

وَتَسـابَقَتْ مَصانِعُ السَّـاعاتِ لِطَرْحِ ساعاتٍ مُشابِهَةٍ.. وَاتَّصَلَتْ بي شَرِكَةُ ساعاتٍ كُبْرى تَطْلُبُ مِنّي أَنْ تُسَمِّيَ إِحْدى ساعاتِها باسْمي..

٭ ٭ ٭

كُنْتُ فَخورَةً جِدّاً بِريشاتي.. وَفَرِحْتُ لِأَنَّ الصِّغارَ باتـوا يُقَدِّرونَ قيمَةَ ساعتي.. فَهِيَ عِندي لَيْسَتْ مُجَرَّدَ ساعَةٍ أَضَعُها عَلَى الحائِطِ..

وَصِـرْتُ أَتَحَـدَّثُ عَـنْ أَهَمِيَّـةِ الوَقْـتِ في كُلِّ مَكانٍ..

وَاليَـوْمَ أَتَحَـدَّثُ إِلَيْكُـمْ في هَـذا البَرْنامَجِ التِّلِفِزْيونِيِّ بِسَعادَةٍ كَبيرَةٍ..

وَأَقـولُ لَكُـمْ في الخِتامِ إِنَّ هُنـاكَ تَشابُهاً بَيْنَ

الرّيشَةِ وَالوَقْتِ، فَكِلاهُما يَطيرانِ بِسُرْعَةٍ.. وَالفارِقُ أَنّي أَعودُ وَأَلْتَقِطُ الرّيشَةَ.. أمّا الوَقْتُ فَيَطيرُ وَلا يَعودُ..

وَالحَياةُ مَجْموعَةُ أَوْقاتٍ تَدورُ بِسُرْعَةٍ كَعَقارِبِ الثَّواني الَّذي يَقْطَعُ المَسافَةَ حَوْلَ مَرْكَزِهِ ملايينَ المَرّاتِ في حَياةِ كُلِّ إِنْسانٍ..

وَلَوْلا أَنَّ وَقْتَ البَرْنامِجِ انْتَهى كَما يُشيرُ لي المُخْرِجُ.. لَحَدَّثْتُكُمْ أَكْثَرَ عَنْ ريشاتي المُلَوَّناتِ وَساعَتي العَجيبَةِ.. فَسامِحوني.. وَعَسى أَنْ أَلْتَقيكُمْ في «ساعَةٍ» أُخرى..